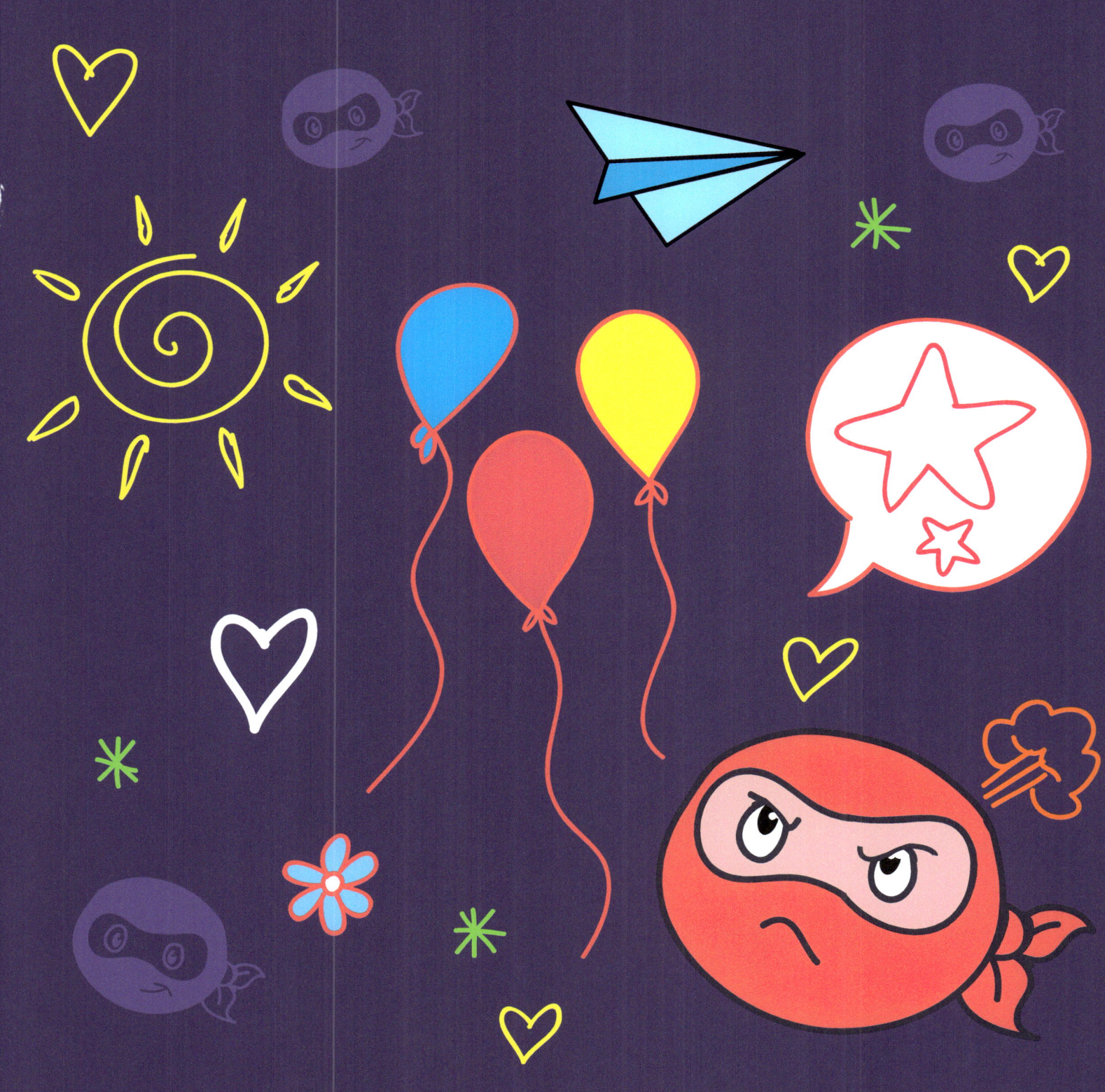

Este libro es dedicado a mis hijos- Mikey, Kobe y Jojo.

Copyright © 2023 Grow Grit Press LLC. Todos los derechos reservados. Ninguna parte de este libro puede ser reproducida en ninguna forma sin el permiso por escrito de la editorial. Por favor, envie solicitudes de pedido al por mayor a info@ninjalifehacks.tv Impreso y encuadernado en los Estados Unidos. NinjaLifeHacks.tv
Paperback ISBN: 978-1-63731-518-7
Hardcover ISBN: 978-1-63731-519-4

Ninja Life Hacks™

La Ninja Trabajadora

Por Mary Nhin

Hubo un tiempo, sin embargo, en el que evitaba cualquier cosa en la que tuviera que esforzarme mucho...

Mi familia y yo acabábamos de llegar a casa de un desayuno cuando encontramos a la Ninja Preocupada esperando en la puerta.

Poco después, sonó el timbre. Era la Ninja Desconectada con un montón de perros.

Decidí ir a la casa de al lado a visitar a mi amigo, el Ninja Paciente.

Cuando llegué a casa, mi padre me pidió que lo ayudara a pintar la cerca.

Tomé la brocha y la puse contra la madera. Sonreí con cada trazo que hacía mientras me perdía en mis pensamientos. Entonces, el Ninja Audaz corrió hacia mí.

A medida que continuaba trabajando, pensaba en lo sucia que se veía la vieja cerca. Esta nueva cerca empezaba a dar nueva vida. Se sentía bien hacer algo agradable para la casa y el patio. Justo entonces, el Ninja Creativo se detuvo para saludar.

¡Guau, que desorden!

Cuando volvimos al trabajo, pensé en cómo estaría la cerca aquí por mucho tiempo. Me sentí orgullosa de tomarme mi tiempo para crear algo hermoso que mi familia y todo el vecindario pudieran disfrutar. De repente, el Ninja Enojado corrió hacia nosotros.

Al ponerse el sol, miré hacia arriba para ver a todos cubiertos de pintura.

Nunca supe que el trabajo duro podía ser tan divertido y gratificante, pensé.

Finalmente, cuando todo terminó, miré hacia la cerca.

Era una obra maestra maravillosa y nunca me había sentido más orgullosa.

El recordar que el trabajo duro puede ser divertido, gratificante, y que aporta a la construcción de carácter podría ser tu arma secreta en la construcción de una ética de trabajo.

¡Visita ninjalifehacks.tv para obtener imprimibles divertidos gratis!

 @marynhin @officialninjalifehacks
#NinjaLifeHacks

 Mary Nhin   Ninja Life Hacks

 Ninja Life Hacks

 @officialninjalifehacks

TRABAJA DURO

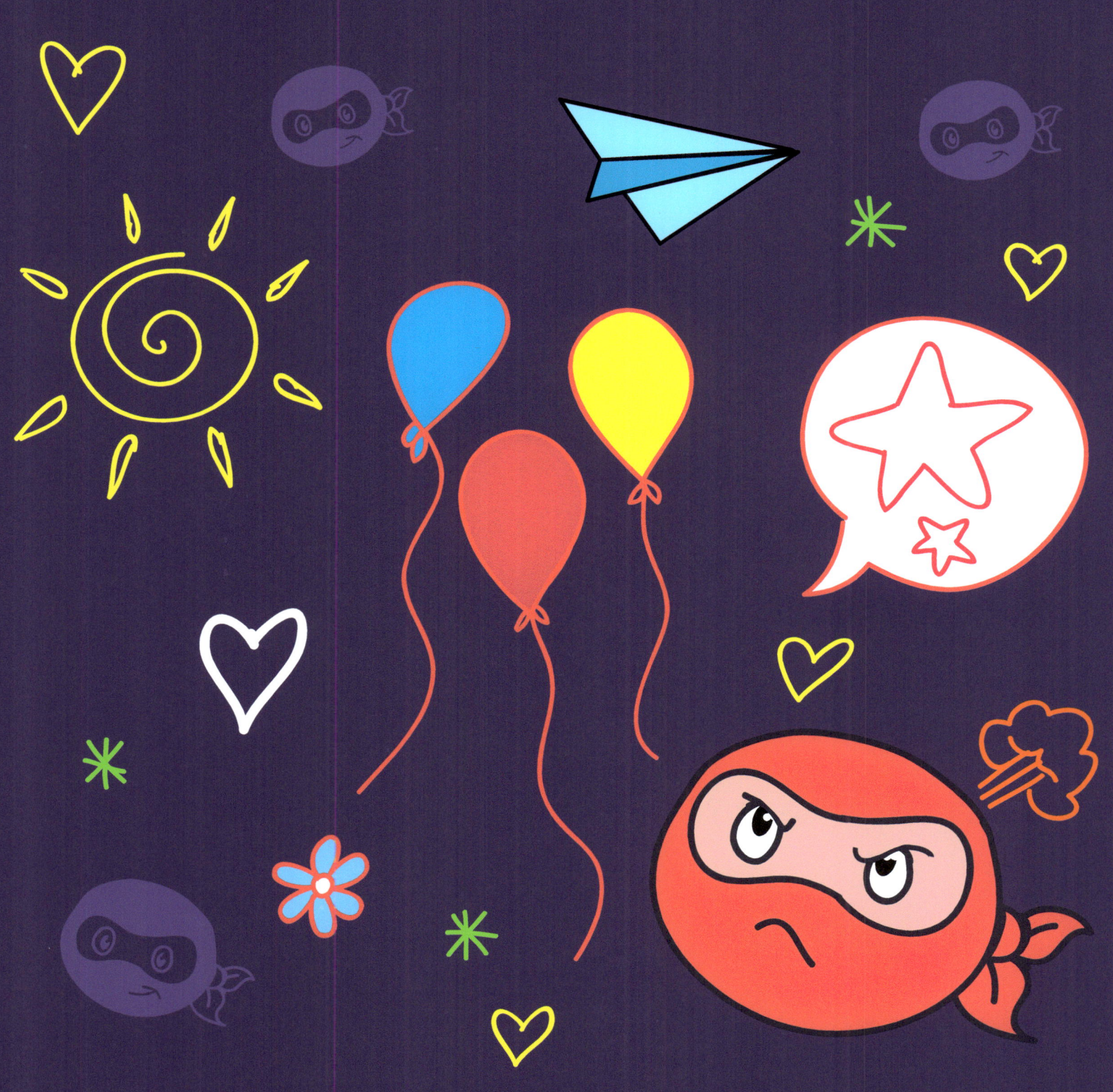

www.ingramcontent.com/pod-product-compliance
Lightning Source LLC
Chambersburg PA
CBHW041107070526
44583CB00002B/95